RAPPORT

A

M. LE MINISTRE DE L'INSTRUCTION PUBLIQUE

SUR LA RÉFORME

DE L'AGRÉGATION DES FACULTÉS DE DROIT [1]

La Faculté de Droit de Paris, consultée par M. le Ministre de l'Instruction publique sur les réformes qu'il convient d'apporter au régime de l'Agrégation des Facultés de Droit, et résolue à présenter un projet de réorganisation embrassant la question sous ses divers aspects, a délibéré successivement : 1° sur le principe général de la réforme ; 2° sur l'organisation des épreuves du concours ; 3° sur les conséquences que la réforme proposée peut avoir sur le recrutement des candidats. — Le présent rapport a pour objet d'indiquer quelles ont été sur ces trois points les conclusions de la Faculté et les motifs qui les lui ont inspirées.

[1] Rapporteur : M. Émile Chénon, professeur-adjoint.

§ I.

Principe général de la réforme.

La Faculté s'est tout d'abord demandé si l'on devait conserver le système actuel de l'*unité* d'agrégation (avec ou sans diversité d'épreuves), ou si au contraire il ne valait pas mieux accomplir pour l'agrégation la même réforme que pour le doctorat, et la *diviser* en un certain nombre de sections judicieusement déterminées.

I.

En présence du développement considérable qu'a pris depuis quinze ans l'enseignement des Facultés de Droit, où des cours d'économie politique, d'histoire du droit, de droit constitutionnel, de droit international ont été partout créés, la Faculté a pensé que le système de l'agrégation unique, — dont elle ne méconnaît pas certains avantages, — n'était plus praticable, et que le principe de la division du travail s'imposait aujourd'hui. Le concours d'agrégation a en effet un double but : manifester chez les futurs professeurs l'aptitude générale à l'enseignement, et aussi une connaissance au moins suffisante des matières qu'ils auront à enseigner. Or l'agrégation unique, avec ses épreuves forcément restreintes, a pour inconvénient d'obliger tous les candidats à préparer les mêmes matières, matières que peut-être ils n'enseigneront jamais, et de les empêcher par contrecoup d'étudier celles que, du jour au lendemain, ils peuvent se trouver appelés à professer. On n'obtient ainsi que des professeurs tous coulés dans un même moule, ayant tous la même formation incomplète, tandis qu'il est nécessaire de provoquer et d'obtenir des formations variées. L'unité d'agrégation, en l'état actuel des choses, doit donc être regardée comme étant de nature à entraver les progrès de la science du droit. Le sectionnement au contraire, — en permettant aux aptitudes diverses de se produire et de se développer, sans cette arrière-pensée décourageante qu'elles pourront rester sans emploi, — assurera d'une part le recrutement de professeurs mieux préparés, et contribuera d'autre part au progrès scientifique, en favorisant des vocations qui aujourd'hui sont trop souvent contrariées.

II.

Le principe du *sectionnement* une fois admis par elle, la Faculté s'est préoccupée de son application. Combiens d'agrégations différentes convient-il d'établir ? Sur ce point, la discussion a été vive, et trois systèmes ont été soutenus tour à tour par divers membres de la Faculté. Les uns ont proposé la division de l'agrégation en deux sections seulement, dont la première serait consacrée au *droit privé* et la seconde au *droit public*. D'autres ont demandé l'adjonction d'une troisième section consacrée à l'*économie politique*. Les derniers, auxquels la majorité de la Faculté s'est ralliée, ont réclamé une quatrième section pour l'*histoire du droit*. Il est indispensable d'indiquer au moins brièvement les raisons mises en avant de part et d'autre pour justifier ces différents modes de sectionnement.

Premier système. — Les partisans du premier système font d'abord observer que la division de l'agrégation en deux branches est un corollaire naturel de la division du doctorat également en deux branches. Le sectionnement de l'agrégation se trouvera ainsi soudé au sectionnement du doctorat. — Si l'on va ensuite au fond des choses, il est rationnel de séparer le droit *privé* et le droit *public* : c'est une distinction qui est traditionnelle dans les Facultés de Droit et qu'il est facile de justifier. Les objets du droit privé et du droit public sont très différents. Les méthodes d'après lesquelles ils doivent être enseignés ne se ressemblent pas. Pour le droit privé, l'étude minutieuse des textes, une dialectique serrée, un enseignement à la fois scientifique et pratique, sont indispensables. Pour le droit public, les idées générales, les vues d'ensemble, une exposition plus large conviennent davantage. Il y a là deux domaines bien distincts, nécessitant chez ceux qui les cultivent un tour d'esprit particulier et l'initiation à des méthodes diverses, qui expliquent que tout le monde ne soit pas également apte à professer, — au hasard des vacances, — le droit public et le droit privé.

Mais cela posé, il est indispensable de ne pas trop multiplier les agrégations. Avec un sectionnement trop considérable, il serait à craindre, en effet, de n'avoir que des professeurs *incomplets*, suffisants sans doute pour faire passer des examens à des étudiants, mais insuffisants pour rendre, dans leur spécialité même, les services qu'on serait en droit d'attendre d'eux. Avec la création d'agrégations spéciales, certains professeurs cesseraient d'être des jurisconsultes. Cela serait vrai surtout des agrégés d'économie politique, dont les études juridiques risqueraient fort d'être superficielles, au grand détriment de leur propre enseignement. Pour enseigner dans les Facultés de droit, il est indispensable d'avoir fait de sérieuses études de droit. D'un autre côté, il n'est pas moins indispensable que les professeurs de droit public aient fait des études d'économie politique, pour être à même d'enseigner avec profit le droit administratif ou la législation financière. Il y a donc tout avantage à ne pas *faire sortir* l'économie politique de la section de droit public dont elle fait naturellement partie. — En ce qui concerne la section d'histoire du droit, il y aurait à la créer le même double danger. Les agrégés de cette section risqueraient d'être plutôt des historiens que des jurisconsultes, et seraient enclins à oublier qu'ils doivent étudier l'histoire du droit, non pour elle-même, mais en vue du droit actuel. D'autre part, Il est utile que les professeurs de droit privé et de droit public se préoccupent des origines des institutions qu'ils ont à étudier, et soient eux aussi, dans une certaine mesure, des historiens. Il est donc bon qu'ils soient initiés à la méthode historique, et que par suite l'histoire soit répartie dans les deux agrégations.

C'est à ce prix seulement que ces deux agrégations resteront ce qu'elles doivent être : de véritables agrégations juridiques, produisant de véritables professeurs de droit et non pas de simples spécialistes. Il est bon sans doute d'admettre dans les Facultés de Droit les sciences auxiliaires du droit, mais à la condition qu'elles ne deviendront pas envahissantes, et resteront à leur place, c'est-à-dire au deuxième rang.

Second système. — Les partisans du second système, ainsi que ceux du premier, admettent comme constituant des domaines distincts le droit *privé* et le droit *public*; mais ils n'admettent pas que l'économie politique fasse naturellement partie de la section du droit public, et estiment qu'en l'y faisant *rentrer*, on opère ainsi un rapprochement artificiel. L'économie politique n'a pas seulement en effet sa méthode propre; elle a surtout son objet propre, et ne constitue pas à proprement parler une science juridique. Les lois économiques qu'il s'agit d'enseigner sont des lois naturelles, qu'on découvre à l'aide de l'observation des faits, et non pas à l'aide de l'interprétation des textes. Il y a donc plus de différence entre l'économie politique et les sciences juridiques qu'il ne peut y en avoir entre le droit privé et le droit public que l'on considère comme distincts. — Sans doute le domaine économique offre avec le domaine administratif certains points de contact ; mais il en a également avec le droit *privé*, civil ou commercial. Il est difficile, en effet, de traiter de la propriété foncière, du régime successoral, du régime hypothécaire, du crédit commercial, sans être quelque peu économiste. Il n'y a donc pas de motifs suffisants pour attribuer l'enseignement économique aux seuls agrégés de droit public, et il est plus rationnel de créer une section spéciale pour cette matière spéciale.

Pour l'*histoire du droit* au contraire, la situation n'est pas identique. Elle a, il est vrai, sa méthode particulière ; mais elle n'a pas d'objet propre. Elle est en somme à la racine de toutes les branches de la science juridique. Son domaine est le même, et il y a plusieurs avantages à ne pas l'en séparer. Il est à désirer, en effet, comme on l'a dit, que les professeurs de droit privé, de droit public, et d'économie politique soient quelque peu historiens ; l'initiation à la méthode historique ne peut qu'avoir une heureuse influence sur leur enseignement. — En sens inverse, l'initiation à la méthode juridique aura une heureuse influence sur l'enseignement historique. Elle empêchera les agrégés d'histoire du droit de verser dans l'érudition, et de devenir plus soucieux du détail que des vues d'ensemble, plus préoccupés de l'histoire des sources que de l'histoire des institutions.

Troisième système. — Le système qui vient d'être exposé s'attache surtout à déterminer, dans le vaste champ scientifique cultivé aujourd'hui par les Facultés de droit, des domaines distincts, en groupant ensemble des sciences qui paraissent avoir un *objet* propre, ne se confondant pas avec l'objet des sciences appartenant au groupe voisin. C'est donc la considération de l'*objet* qui est, pour les partisans de ce système, la considération décisive. — Les partisans du 3ᵉ système se placent à un point de vue différent : c'est surtout d'après la considération de la *méthode* qu'ils cherchent à grouper les différentes branches de la science juridique. Il leur parait évident, en effet, que là où les méthodes sont divergentes, il y a tout avantage à créer des agrégations spéciales ; car il est difficile d'imaginer (sauf exceptions) qu'un même esprit pourra se plier, avec un égal profit pour la science, à l'emploi de méthodes diverses : celle, par exemple, à laquelle le portent ses goûts et ses aptitudes, et celle, peut-être contraire, à laquelle l'obligera l'enseignement dont il sera chargé. — Or, en partant de ce principe, il est naturel de diviser l'agrégation en quatre branches : les deux premières correspondant au droit *privé* et au droit *public*, pour lesquels la méthode, sans être absolument différente, n'est assurément pas la même ; la troisième correspondant aux sciences *économiques*, où la méthode expérimentale est de rigueur ; la quatrième enfin correspondant aux sciences *historiques*, dont la méthode est l'inverse de la méthode suivie dans les sciences juridiques. Dans celles-ci, en effet, c'est la méthode de *déduction* qui est principalement employée ; dans les sciences historiques, c'est principalement la méthode d'*induction*. L'on sait combien cette dernière est délicate et même dangereuse : il importe donc de s'y accoutumer jeune, pour arriver à la pratiquer avec sûreté, et pour acquérir cette faculté précieuse qu'on appelle le « sens historique ».

Une seconde considération, également importante, est celle des sciences *auxiliaires* dont il est nécessaire d'acquérir la connaissance pour professer avec profit. Or, c'est assurément pour l'histoire du droit que ces sciences auxiliaires sont le plus nombreuses : épigraphie, paléographie, critique des sources, histoire générale, sont indispensables, et ne peuvent s'apprendre qu'au prix de longues études. La connaissance de l'histoire du droit elle-même ne s'acquiert qu'à l'aide d'immenses recherches. Tout cela exige un temps considérable, et si l'on veut avoir de bons professeurs d'histoire du droit, il ne faut pas les décourager d'avance par la perspective d'être, après plusieurs années d'études historiques, chargés d'un cours de droit pénal ou de législation financière ! Si l'on veut faire progresser la science dans toutes ses parties et ne pas rester sous ce rapport à un niveau inférieur, il est nécessaire d'organiser les concours de façon à favoriser la préparation des spécialistes. Ce serait aller contre l'idée même qui est la meilleure justification du sectionnement, que d'obliger les candidats à l'agrégation à acquérir une science encyclopédique qui serait forcément superficielle.

Cela posé, il est facile de répondre aux objections particulières dirigées contre la section d'histoire du droit. L'on craint que les agrégés d'histoire ne soient pas assez jurisconsultes : mais rien n'empêche d'organiser les épreuves du concours de façon à prouver qu'ils ont sous ce rapport une culture suffisante. — On craint aussi qu'ils ne versent dans l'érudition : ceci en fait n'est pas à redouter. — Enfin l'on désire, et avec raison, que les professeurs de droit privé, de droit public, et d'économie politique soient quelque peu historiens : soit ; mais autre chose est d'*utiliser* les résultats fournis par l'histoire, autre chose est de les *découvrir*. Il est évident que des agrégés, obligés d'étudier à fond le droit privé, ou le droit public, ou l'économie politique, ne pourront pas se livrer au labeur considérable qu'exigent les études historiques, et seront mal préparés au travail critique nécessaire pour trouver, élaborer, et exposer les résultats historiques. Il serait donc à craindre que les résultats utilisés par les professeurs des autres sections ne soient que des résultats incertains ou même inexacts ; et ce, au grand préjudice, non seulement de la science historique en particulier, mais encore de l'enseignement du droit en général.

III.

La Faculté, s'étant rangée à ce dernier système, conclut à la division de l'agrégation en quatre sections avec les dénominations suivantes : 1° agrégation des Facultés de Droit, section de droit privé et de droit criminel ; — 2° section de droit public ; — 3° section d'histoire du droit ; — 4° section des sciences économiques.

La première section serait destinée à pourvoir aux enseignements suivants : *Droit civil*, — *Droit international privé*, — *Droit commercial et maritime*, — *Procédure civile*, — *Droit criminel*. Le droit criminel sans doute touche par certains côtés importants au droit public ; mais la méthode d'enseignement qui lui convient est avant tout celle du droit privé. De plus, la Faculté a pensé qu'en exposant l'organisation des juridictions répressives et la procédure criminelle, le professeur ne sortait pas du milieu *judiciaire* auquel appartiennent les autres matières placées dans la même section, et particulièrement la procédure civile longtemps enseignée, avec le droit pénal, par le même professeur. Elle a pensé aussi que c'est à peu près exclusivement parmi les candidats qui se destinent à l'agrégation des sciences juridiques, qu'on a chance de trouver des criminalistes, et non parmi ceux qui s'intéressent avant tout au droit public et à l'économie politique. Dans une réforme inspirée par le désir de procurer à l'enseignement les professeurs les mieux préparés, cette raison pratique, jointe aux raisons théoriques données plus haut, est évidemment décisive.

La section de droit public comprend naturellement : le *Droit constitutionnel*, — le *Droit administratif*, — la *Législation financière*, — le *Droit international public*, — le *Droit public général*.

A la section d'histoire du droit, il convient d'attribuer : le *Droit romain*, — l'*Histoire générale du droit français*, — l'*Histoire du droit public*, — l'*Histoire du droit privé*.

Dans la section des sciences économiques rentrent : l'*Economie politique générale*, — la *Science financière*, — l'*Economie et la législation industrielles*, — l'*Economie et la législation rurales*, — l'*Economie et la législation coloniales*, — l'*Histoire des doctrines économiques*, — la *Statistique*.

Ces énumérations n'ont d'ailleurs rien de limitatif. Au fur et à mesure du développement des sciences juridiques et de l'apparition d'enseignements nouveaux, ces derniers viendront prendre place dans les cadres, en raison de leurs affinités.

§ II.

Organisation des épreuves.

Avant de passer à l'organisation matérielle des épreuves du concours, la Faculté a dû prendre parti sur un certain nombre de questions générales, dont la solution préalable s'imposait.

I.

La plus importante est assurément celle de savoir s'il convient de maintenir, comme on l'a fait jusqu'ici, *deux* séries d'épreuves, les unes, *préparatoires*, conduisant à l'admissibilité, les autres, *définitives*, conduisant à l'admission ; ou s'il ne serait pas préférable d'établir une *seule* série d'épreuves auxquelles participeraient tous les candidats.

Ce dernier système se recommande au nom de la justice. Il est juste en effet de donner à tous les candidats les mêmes moyens de faire la preuve de leur valeur, et de maintenir ainsi entre eux les chances égales. De bons candidats peuvent être éliminés à la suite des épreuves préparatoires, qui auraient peut-être réussi aux épreuves définitives, s'il leur avait été permis de les aborder et de réparer ainsi l'échec accidentel subi au début. Ce danger est surtout grave, quand les épreuves préparatoires ne comportent qu'une seule leçon, et quand le nombre des admissibles est trop étroitement limité. — Juste en soi, le système de la série unique aurait en outre l'avantage pratique de faciliter l'organisation des épreuves.

On objecte, il est vrai, que les concours pourront devenir ainsi d'une longueur excessive ; que les candidats, aussi bien que les juges, en seront énervés et fatigués ; qu'après tout, l'égalité ne serait pas détruite entre des concurrents qu'on admettrait à concourir aux mêmes épreuves préparatoires. — Mais il est facile de faire observer qu'avec le sectionnement en quatre parties la prolongation excessive des concours n'est plus à craindre. La Faculté a donc pensé qu'il convenait d'adopter le système à la fois plus juste et plus simple de la série *unique* d'épreuves.

II.

Deuxième question générale : convient-il de maintenir des épreuves *écrites* à côté des épreuves orales ? — La Faculté est d'avis de conserver les épreuves écrites, mais en les transformant sensiblement.

Des compositions écrites sont utiles en effet pour montrer que les candidats à l'agrégation savent traiter un sujet donné, avec méthode et clarté ; mais telles qu'elles se pratiquent actuellement, elles doivent être regardées comme des épreuves *à surprise*, où les meilleurs candidats, s'ils ont la malechance de tomber sur un sujet qu'ils n'ont pas étudié d'une façon particu-

lière, peuvent ne fournir qu'une composition médio-
cre, de nature à leur nuire, alors qu'un candidat très
ordinaire, dont l'attention se sera, par hasard, porté
sur le sujet en question, ou dont la mémoire sera plus
heureuse, se trouvera indûment favorisé par les cir-
constances. Les compositions écrites actuelles, sans
préparation et sans ouvrages suffisants à consulter,
ont quelque chose d'aléatoire, et répondent en somme
à la conception de l'examen plutôt qu'à la conception
du concours.

Il est donc nécessaire de les transformer de façon à
éliminer les chances de surprise. Il a semblé à la
Faculté qu'on arriverait au but désiré en exigeant une
composition faite sur un sujet choisi, non plus dans
l'ensemble presque indéfini d'une branche entière
de la science du droit, mais seulement dans l'ensemble limité de certaines matières, indiquées
d'avance pour chaque concours par le jury d'agrégation du concours précédent, et portées de suite par
voie d'affiches à la connaissance des candidats. Ce
système, qui a donné de bons résultats pour l'agrégation d'histoire de l'enseignement secondaire, pourrait
en donner aussi pour l'agrégation des Facultés de
droit. Il enlèverait aux compositions écrites leur caractère aléatoire, les rendrait plus probantes, et permettrait ainsi d'y attacher une plus grande valeur.

La Faculté estime d'ailleurs que faite dans ces conditions une *seule* composition suffit, et qu'il vaut mieux

remplacer par une épreuve orale la seconde épreuve écrite existant actuellement.

III.

La Faculté est enfin d'avis de supprimer complètement : 1° le système des leçons faites après *quatre* heures seulement de préparation, leçons qui sont encore des épreuves à surprise ; — 2° le système dit des « matières à option », inauguré en 1891 et qu'à ses yeux l'expérience a condamné. En laissant au choix des candidats certaines branches du droit sur lesquelles ils sont appelés à fournir une leçon, ce système offre le double inconvénient de détruire l'égalité entre les concurrents et de rendre leur classement plus difficile pour les juges, obligés de comparer entre elles des épreuves dissemblables. Destiné à donner aux aptitudes diverses des candidats une satisfaction demeurée incomplète, le système devient du reste inutile avec un sectionnement suffisant.

IV.

C'est en partant de ces principes que la Faculté propose d'instituer les *épreuves* suivantes, comprenant pour chaque section *une composition écrite*, faite en 7 heures, dans les conditions d'isolement actuelles, et *quatre leçons*, d'une durée uniforme de 45 minutes (sauf pour l'une d'elles indiquée ci-dessous), et fournies après 24 heures de préparation faite dans des conditions de liberté complète :

1° Section de droit privé et criminel :

A. = Une composition écrite sur un sujet de *droit civil*, choisi dans les matières indiquées par le jury du concours précédent ;

B. = Une leçon de *droit civil* ;

C. =   —   de *droit commercial et maritime* ;

D. =   —   de *droit criminel* ;

E. =   —   de *droit international privé* ou de *procédure civile*, suivant la désignation faite par un tirage au sort, opéré en séance publique par le jury du concours précédent.

2° Section de droit public :

A. = Une composition écrite sur un sujet de *droit constitutionnel* ou de *droit international public*, choisi dans les matières indiquées par le jury du concours précédent ;

B. = Une leçon de *droit constitutionnel* ;

C. =   —   de *droit administratif* ;

D. =   —   de *législation financière* ;

E. =   —   de *droit international public*.

3° Section d'histoire du droit :

A. = Une composition écrite sur un sujet d'*histoire du droit français, public ou privé*, choisi dans les matières indiquées par le jury du concours précédent.

B. = Une leçon de *droit romain* ;

C. =   —   d'*histoire du droit privé français* ;

D. =   —   d'*histoire du droit public* ;

E. = Une explication de *textes romains* (limitée à une durée de 30 miuutes).

4° Section des sciences économiques.

A. = Une composition écrite sur un sujet d'*économie politique*, choisi dans les matières indiquées par le jury du concours précédent:

B. = Une leçon d'*économie politique générale* ;

C. =   —   d'*histoire des doctrines économiques*;

D. =   —   de *science financière* ;

E. =   —   d'*économie et législation industrielles*, ou *rurales*, ou *coloniales*, suivant la désignation faite par un tirage au sort, opéré en séance publique par le jury du concours précédent.

Grâce au nombre des leçons, la Faculté estime que les jurys d'agrégation auront entre les mains des éléments suffisants pour se prononcer en toute connaissance de cause sur la valeur absolue et la valeur relative des concurrents.

§ III.

Conséquences de la réforme proposée sur le recrutement des agrégés.

Il importait enfin de se rendre compte des conséquences que la réforme proposée par la Faculté pouvait avoir au point de vue du recrutement des candidats à l'agrégation. C'est une question complexe et qui demande à être étudiée de près. — Le sectionnement, en effet, favorable sous le rapport *scientifique* que la Faculté a considéré comme primant tous les autres, présente, au point de vue *pratique*, certains inconvénients auxquels il faut de toute nécessité remédier.

I.

Il est à craindre d'abord que les candidats, voués dès le début à des études particulières, n'aient plus la culture générale suffisante pour faire honneur plus tard à leur titre de professeur de droit et participer utilement à tous les exercices universitaires. — Il ne faut pas oublier, en effet, qu'avec la division actuelle du doctorat, la spécialisation des études juridiques commence aussitôt après la licence, et que par suite un docteur en droit de la série politique pourrait arriver au professorat sans avoir fait d'autres études de droit romain ou de code civil que celles de la licence. De même un docteur en droit de la série juridique pourrait n'avoir, en fait de droit public et d'économie politique, que des notions rudimentaires. L'un et l'autre ne pourraient être considérés comme étant, dans la pleine acception du mot, des professeurs de droit. Ils seraient également peu préparés à interroger sur les matières d'examen sortant de leur spécialité ; or, en France, les Facultés de droit, n'étant pas seulement des centres d'enseignement scientifique, mais remplissant aussi une fonction professionnelle, cette seconde considération, pour être d'un ordre moins relevé que la première, n'en conserve pas moins son importance.

Aussi la Faculté propose-t-elle d'exiger de tous les candidats à l'agrégation, comme condition de capacité leur permettant l'accès du concours, le double doctorat, *juridique* et *politique*, de façon à assurer chez eux la culture générale indispensable. — Il est bien entendu d'ailleurs (et la Faculté a été unanime sur ce point) que le double doctorat ne peut être exigé que des candidats qui ont passé leurs examens sous le *nouveau régime*, et non de ceux qui ont été reçus docteurs sous *l'ancien régime*, et qui, au point de vue spécial qui nous occupe, doivent être considérés comme pourvus d'un doctorat complet.

II.

Il est à désirer, en second lieu, toujours dans l'intérêt du bon recrutement des candidats, que les concours afférents aux diverses sections ne soient pas trop espacés, afin de ne pas écarter, par une incertitude trop grande sur leur avenir, les jeunes gens à qui leur situation de fortune ne permettrait pas d'attendre longtemps la réalisation de leurs désirs. La Faculté émet le vœu que les différents concours soient, autant que possible, rendus périodiques et fréquents.

III.

Enfin, la double question de l'attribution des enseignements aux nouveaux agrégés et de leur nomination aux chaires magistrales est de nature à exercer sur le recrutement des candidats une influence des plus sérieuses. Suivant la façon dont elle sera résolue, elle sera, pour une réforme inspirée avant tout par le désir d'obtenir un bon recrutement, un élément de succès ou une cause d'échec.

Il est indispensable en effet pour que le sectionnement conserve son caractère scientifique et produise sous ce rapport les résultats qu'on est en droit d'en attendre, qu'il soit *effectif* et non *fictif*, c'est-à-dire qu'un agrégé ne puisse être *contraint* d'accepter un enseignement étranger à la section pour laquelle il a été reçu. Mais il pourrait, bien entendu, sur sa *demande* et si M. le Ministre le juge à propos, se voir attribuer un de ces enseignements. La Faculté estime aussi qu'aucun motif ne doit empêcher un même candidat de se faire recevoir successivement agrégé dans les diverses sections. — En dehors de ces deux exceptions, le principe du sectionnement effectif doit être maintenu.

Mais alors se pose la question très grave de l'*avancement* des agrégés. Il est difficile, pour ne pas dire impossible, de maintenir en présence du sectionnement la législation actuelle sur les vacances de chaires. Elle serait pour un grand nombre d'agrégés une source de mécomptes dans leur carrière, et par suite éloignerait de l'agrégation des Facultés de Droit les candidats les plus distingués. — Le système d'avancement actuel repose, on le sait, sur la distinction des *chaires magistrales*, gérées par des professeurs *titulaires*, en nombre déterminé pour chaque Faculté, et des *cours complémentaires*, confiés à des agrégés. Cette distinction, simple produit historique que ne justifie aucune idée rationnelle, est pour l'avancement des agrégés et l'orientation de leurs études une source de complications et d'inconvénients nombreux. Pour arriver au titulariat, les agrégés sont obligés en effet de solliciter les chaires vacantes. C'est parfait, si l'enseignement donné dans ces chaires correspond à celui dont l'agrégé a été jusqu'ici chargé. C'est déplorable, lorsqu'il y a antinomie entre la chaire sollicitée et le cours que l'agrégé professe, depuis dix ans peut-être, avec succès. Et alors de deux choses l'une : ou l'agrégé obtient la chaire demandée, et le voilà forcé d'aborder des études nouvelles pour lui, contraires à ses goûts ou à ses aptitudes, et dans lesquelles il pourra ne pas réussir : c'est un résultat évidemment contraire aux interêts de l'enseignement. Ou bien l'agrégé, précisément pour éviter ce résultat, se voit préférer un collègue moins ancien mais mieux préparé, et alors, si le fait se reproduit plusieurs fois, il court le risque de n'arriver que très tard au titulariat : c'est encore un résultat fâcheux ; car un agrégé qui n'a pas démérité peut se trouver ainsi victime du vice des institutions.

Depuis quelques années, l'Administration a cherché

à remédier à ce double inconvénient de plusieurs fa-
çons : 1° en créant ou en transformant des chaires *in-
tuitu personæ* ; 2° en autorisant les professeurs, qu'elle
nommait à une chaire vacante ne répondant pas à leurs
aptitudes, à conserver leur ancien enseignement, tandis
qu'un agrégé les suppléait dans leur chaire : 3° enfin
en imaginant le titre de professeur-adjoint, destiné à
l'origine à faire prendre patience aux agrégés qui n'ob-
tenaient pas les chaires sollicitées par eux. Il y a là des
améliorations qu'il est juste de reconnaître ; mais elles
ne constituent que des palliatifs.

Il serait beaucoup plus simple de couper le mal
dans sa racine, en supprimant la distinction des chaires et des cours, pour ne plus admettre que des *chaires*,
dont les unes seraient gérées par des professeurs
titulaires, en nombre fixe pour chaque Faculté, et les
autres par des *agrégés*. Dans ce système, quand une
vacance se produirait dans le corps des professeurs
titulaires, la Faculté, appelée à faire les présentations
destinées à combler cette vacance, pourrait présenter
au Ministre, soit un professeur ou agrégé d'une autre
Faculté qui se serait distingué dans son enseignement
et à qui serait attribuée la chaire vacante, soit l'un de
ses agrégés (1). Dans ce dernier cas, l'agrégé choisi
pourrait, ou bien (comme aujourd'hui) occuper la chaire

(1) La Faculté émet à ce propos le vœu que les Facultés
soient *consultées*, lorsqu'il s'agit de pourvoir à des places
d'*agrégé*, devenues vacantes dans leur sein.

vacante si elle convient à ses aptitudes, ou bien (ce qui est souvent impossible aujourd'hui) conserver la *chaire* qu'il a jusque-là gérée comme *agrégé*, et qu'il gèrera désormais comme *titulaire*, avec toutes les prérogatives attachées actuellement à ce dernier titre.

Ce système, qu'on pourrait appeler le système de la *généralisation des chaires*, diffère de deux autres, qui ont été également proposés, mais que la Faculté ne croit pas devoir recommander, à savoir le système dit du *titulariat personnel*, dans lequel le professeur n'aurait plus, comme aujourd'hui, la propriété de sa chaire, et le système dit des *chaires mobiles*, qui obligerait le Ministre, à chaque vacance, à examiner la question de savoir s'il faut ou non maintenir la chaire vacante, et s'il faut ou non en ériger une autre, le tout en considération du *titulaire* à nommer. Le système de la « généralisation des chaires » n'offre aucun de ces inconvénients. Il a en outre l'avantage d'être simple, pratique, de n'exiger aucune dépense budgétaire nouvelle (1). Aussi la Faculté croit-elle devoir le recommander instamment à la bienveillante attention de M. le Ministre de l'Instruction publique.

---

(1) Il est évident, en effet, qu'un *agrégé*, chargé d'une chaire, ne recevra qu'un traitement d'agrégé et non un traitement de titulaire.

Mai 1896.